諷詩調詩集 · 54

풍諷계戒집集 · 21

박진환 제72시집

지성 · 감성의 메타언어
조선문학시인선 · 390

諷詩調詩集 · 54

풍諷계戒집集 · 21

조선문학사

■ 책머리에

풍시조(諷詩調)는 시대・현실을 외면하지 않고 정면으로 도전하는 고발의 미학이다.

2014년 初夏

박 진 환

박진환 제72시집 / 諷詩調詩集 · 54

풍諷계戒집集 · 21

차례

수입해야 할 판

청, 실장 바꾸라면 못 알아들어, '기춘대원군', '부통령' 해야 통해
헌데 여·야 '실장'만 입에 담으니 당연히 못 알아듣지
국산 보청기론 불통이니 미제 보청기라도 수입해야 할 판

어지러울 밖에

한국인 돈벌이 상위 1%인 19만 명이 번 돈
하위 40%인 768만 명 소득과 맞먹는다던데, 소득격차
상·하 양극화에 줄이 없으니 소득축 흔들려 어지러울 밖에

일쑤여서

문 총리지명자, 여 일부만 빼놓고 거국적으로 불가론이 지배적
민의가 이렇다면 스스로 판단해 욕망 접어 볼 만한데
그놈의 욕심이란 게 당랑박선 못 면하기 일쑤여서

※ 당랑박선(螳螂搏蟬) : 눈앞에 보이는 욕심에만 눈이 어두워 제게 닥쳐온 위험을 모르고 있다가 마침내 큰 재난을 만난다는 말.

스스로를 잘라내서

석가는 입을 몸을 치는 도끼와 같다 하고, 옛분들은
혀를 목을 자르는 칼과 같다 하여 구시상인부 안 그랬던가
도끼와 칼, 잘쓰면 악을 잘라내고 잘못쓰면 스스로를 잘라내서

※ 구시상인부(口是傷人簿) : 입은 말을 잘못하면 그 사람을 망치는 도끼와 같다 함이니 말을 조심해서 하라 경계하는 말.

7 · 30 KO를 어쩌려고

공격은 곧 최선의 방어란 말 링에서 벌이는 권투용언 줄 알았더니
웬걸, 정치판에서도 실전용으로 쓰던데, 여권 민심 역주행이 그래
그러다 주먹아닌 국민들 어퍼컷 못면하면 7 · 30 KO를 어쩌려고

생각나서

철옹산성이라 하던가, 금성철벽이라 하던가
돌로 된 성보다 사람으로 된 성이 가장 굳세다던데, 성이란 게
쌓기 때문에 공격당한다는 말, 박 정부 2기 개각 보면서 생각나서

부정적

종교학자들이 본 문 총리지명자, '역사·신앙 모두 왜곡' 평가

식민지배 하나님 뜻이라면 독립운동가들 하나님 거스른 것

거기다 1920년대 사고 소유자에게 어떻게 총리 맡기나며 부정적

채색부정일 수도

'박대통령 긍정평가', 서울서 30%대 하락, 이유인즉 인사문제
그중에서도 민족비하 발언자 총리지명에 대한 국민반감 반영인 듯
문 총리지명자 말대로 한국인 감정 DNA 채색부정일 수도

※ 채색부정(彩色不定) : 풍채와 안색이 일정하지 않다는 뜻으로서 희・노를 억누르지 못하고 잘 나타내는 감정을 두고 한 장자의 말.

머리의 항문일 듯

문 총리지명자 왈 "일군 위안부문제 일로부터 사과 받을 필요 없다"
조태열 외교부 2차관은 영 런던에서 "성 노예제도" 일 반성촉구
정부와 총리지명자 입 중 한쪽 입은 머리의 항문일 듯

땜질이니

땜질 달인인 정부, 이번엔 임대 소득과세 누더기 될 만큼 땜질
더럽고 헤진 누더기로 세법을 포장하겠다니, 어쩌죠 백결선생님
금간 국론 땜질은 외면한 채 구린내 나는 돈 보자기만 땜질이니

될 듯해서

지난 대선 땐 NLL, 6·4 지방선거 땐 눈물과 읍소
다음 7·30 보선 땐 또 무엇이 동원될까? 목하 탐색중일 터, 헌데
안 그래도 될 듯, 문 총리지명자 내세우면 헛수고 안 해도 될듯해서

떠올라서

검찰개혁 뿐이면 좋겠는데, 국개론, 총리지명도 도루묵 안 될지
유사발음에 도토리묵에 이어 묵사발이란 말도 있지, 어쩐지
되풀이되는 정치 악순환 보며 도루묵 떠올리면 묵사발이 떠올라서

묵사발 됐으니

반성과 참회의 눈물 마르기도 전에 독주로 급선회한 나랏님 행보에
할 말은 하겠다며 읍소로 다짐하던 여는 금설폐구
어쩐다, 바뀐 것 없는 도루묵에, 국민들 기대만 묵사발 됐으니

갇힐 수도 있어서

당·정·청, 3각 친정체제로 구축한 견고한 피라미드 성
돌로 된 성보다 사람으로 된 성이 더 견고하다 했던가
헌데 어쩐다, 그러다 되레 철옹성에 스스로 갇힐 수도 있어서

더 떨어지지 말란 법도 없어서

수도 서울시민 평가가 절대치는 아니지만 국민정서 대표할 수도
박 대통령 지지도 30%대로 하락했다면 낙법 수준
내리면 오를 수도 있는 법, 헌데 더 떨어지지 말란 법도 없어서

면하겠나

총리지명자 식민사관에 개신교 교리에 성장지상주의의 결합이면 짬뽕
요리법도, 맛도 순구식이어서 구미마다 되레 식상할 판
맛이 그 모양이면 견설고골 면하겠나

※ 견설고골(犬齧枯骨) : 개가 말라빠진 뼈다귀를 핥는다는 뜻이니 아무 맛이 없음을 이름.

여군동취표 약주다

내가 즐겨찾는 술안주 동그랑땡은 우리 부침개인 돈저나
헌데 술이란게 막걸리도, 양주도, 와인도 아닌 돈으론 살 수 없고
주사청루에도 없는 마음으로 빚은 여군동취표 약주다

※ 주사청루(酒肆青樓) : 술 파는 기생집.

※ 여군동취(與君同醉) : 그대와 함께 취하리라.

현명하다 하겠는가

문 총리지명자, 미생지신 아름다우나 현명은 아닐 듯
국민여론 봇물 터지면 홍수와 다르지 않는 것을
떠내려가 익사하면 어찌 현명하다 하겠는가

더 큰 문제

문 총리지명자 역사 · 종교 · 민족 · 국가의식 잘못보다
잘못된 의식 바로 잡으려는 의식 결핍이 더 문제
그보다 혹여 의식장애면 그것이 더 큰 문제

되레 전도 안 될지

문 총리지명자, 국민의 65.6%가 사퇴요구, 헌데
TV 화면 빌어 뉴스특보로 해명·변명 앞세워 정면도전
도전으로 불리한 상황 전도되면 좋으련만 되레 도화선돼 傳導 안될지

못해서

역사 · 국가 · 민족 · 종교의식 잘못 표현 미숙으로 돌리던데
미숙한 표현관 반대로 해명 · 변명에는 달인급
헌데 달인이란 게 우직 · 솔직한 소인배만 못해서

약발도 있어서

대통령 해외나들이 때마다 인기상승 약발로 작용
세월호 참사로 최악의 인기 이번 나들이로 만회할지
헌데 약발이란 게 우수마발의 효험 없는 약발도 있어서

※ 우수마발(牛溲馬勃) : 소 오줌과 말 똥이라 함이니 극히 하급품의 약을 말함.

신식이어서

생각도, 이론도, 주장도 낡은 구식인데 해명·변명은 신식
새 것이 뭐냐고? 낡고 헌 것 버리면 새 것이지, 헌데 어쩐다
문 총리지명자님, 낡은 부대에 새 술 담을 수 없는 것이 신식이어서

반영 아닐지

연속극 「정도전」, 공감대, 설득력, 시청률, 인기짱
왜서일까? 正道 외면한 오늘의 정치 파행에 식상한
옛 正道에 대한 향수의 방영 아닌 반영 아닐지

졸 수밖에

여의도 초호화 휴게소 국회
각종 법안 들어갔다 하면 낮잠
일은 안하고 세비는 꼬박꼬박, 허니 꼬박꼬박 졸 수밖에

국민들의 피눈물

한국정치 살아나려면 당리당략 넘어서야
헌데도 여는 여대로, 야는 야대로 문전구사에만 혈안
그놈의 혈안에 정작 흘리는 눈물은 국민들의 피눈물

※ 문전구사(門田求舍) : 나랏일보다 사사로운 무리들의 이익을 앞세우는 당리당략에 빗대인 말.

일장춘몽

술 중에서도 독한 술, 취했다 하면 4년을 못 깨어나는
무슨 술이냐고? 정치술
그 술, 술술 받아먹고 취했다 깨어보니 일장춘몽

더 꼴사나워서

사과는 무슨, 배 내밀며 고소 으름장 내세우던 문 총리지명자
닷새 만에 유감, 송구로 입장 바꿨으나 사과란 게 앉은 자세
선채로 90도로 허리꺾는 것도 꼴사납지만 앉은채 사과는 더 꼴사나워서

소금 처넣은 격이어서

일 아베의 논리인즉 '한·일 합병, 국제법상으로 하자가 없다'
문 국무총리지명자 왈 '일에 의한 식민지배 하나님 축복'
얼씨구, 달콤한 두 입맞춤, 정작 국민들 입엔 소금 처넣은 격이어서

착각한 모양이라던데

교회를 국회쯤으로 생각한 건 아닐까? 교회 · 국회 비슷하긴 하지만
국회 내 발언에 대한 면책권을 교회 내 발언과 동일시한 건 아닐까?
요즘 목사님들 말씀 두고 국회의원으로 착각한 모양이라던데

몰랐었나 보다

제자의 논문과 88%가 일치한다면 스승의 논리는 없는 베껴 쓴 셈
김명수 교육부장관 내정자 왈 '제자 살려주려 그랬다'던데
제자만 살릴 줄 알았지, 정작 스스로가 죽는 것은 몰랐었나 보다

단맛 즐기고 있는 중이라고

역사학회 · 종교단체 · 시민단체, 여당빼곤 모든단체가 총리내정자 반대던데
뭘 모르셔, 반대란 그것을 박해라고 이름 붙인 사람에겐
달콤함이 되는 것을, 그 단맛 즐기고 있는 중이라고

등태산이소천하 안 될까

총리내정자 기자 질문에 말끝마다 "공보실을 통해서"라며 직답 회피
그중에 한마디 "사퇴, 야당에 물어보라"며 안하무인격
저러다 혹시 총리인준 되면 등태산이소천하? 그걸 어쩌

※ 등태산이소천하(登太山而小天下) : 큰 산에 오르니 세상이 작아보인다는 뜻으로 높은 지위에 오르면 세상사람들을 우습게 본다는 맹자의 말.

추락차원 안 될지

박대통령 지지율 40%대로 최악, 이유인즉 문창극 때문이란 분석
내리면 올라가고, 오르면 또 내리는 것이 여론의 속성, 헌데 어쩐다
지명만으로도 하락한 지지율 총리되면 하락 아닌 추락차원 안될지?

정승·대신도 좇으니

종북은 반국가행위, 종박은 충성행위, 종은 누굴 위해 울리나?
둘다 종은 종이다만 노예도 좇아서는 안될 從, 헌데 어쩐다
종북은 안 좇으니 그만이지만 종박은 정승·대신도 좇으니

도루묵 신센 걸

새경제 부총리, 경제가 성장하면 삶의 질도 나아질 것이란
성장제일주의는 1970년대의 낡은 경제논리, 성장보다 급한 건
당장 먹고사는 목구멍, 성장 재분배 없인 말짱 도루묵 신센 걸

그 반대일 수도 있어서

문창극 때문에 박대통령 지지율 40%대로 하락했다던데
무슨 걱정, 해외순방 끝나고 돌아오면 기적같은 상승일로
그렇긴 하나 기적은 언제나 일어날 수도 있고 그 반대일 수도 있어서

문제지

예나 지금이나 세월의 행보엔 변함이 없다
세월 따라 세상도 인심도 변하는데 어찌 변함이 없겠는가
없으면 있기도 하는 법, 변해야 세월의 법도인데 안변하면 문제지

축지법 익혔나 보다

세월은 가는 것도 보내는 것도 아닌 함께 하는 동행
먼길 마다하건, 마다하지 않건, 함께 가는 동행
왔던 길 멀리하고 갈길 가까이 하니 세월 벗해 축지법 익혔나 보다

둘 다 보이는 것을

산을 보기 위해 산 속으로 들어가면 길을 잃기 마련이듯
삶을 보기 위해 삶 속으로 들어가면 나를 잃기 마련
길도 나도 잃어버린 시대, 한발짝 물러서서보면 둘 다 보이는 것을

될 수도 있어서

삶이란 살기 위해 살아남기 위해 벌이는 싸움터
먹고 살기 위해, 명예를 위해, 국가와 민족을 위해, 평화를 위해
헌데 위해란 게 되레 危害物의 악행이 될 수도 있어서

더 아깝다

천사나팔꽃 분 몇 개가 다투어 나팔을 불어댄다
베토벤도, 슈베르트도, 요한스트라우스도 보표에 올리지 못한 화음
혼자 듣기에도 아깝지만 이전투구 정치꾼들 행여 들을까 더 아깝다

사또행차 헛발질이었겠구먼

논문 표절에 제자연구비까지 가로채기에 실적 부풀리기까지
누군 누구야, 교육부장관 내정자지
이쯤되면 師道 아닌 邪道 걸었던 사또행차 헛발질이었겠구먼

낚시 바늘 안 될지?

여 · 야에, 각계에서 문창극 총리사퇴 시위확산
그래도 청문회 준비에 열 올리는 당사자, 잘못된 게 분명한데
어디가 잘못 됐을까? 글쎄? 그러다 의문부 다 낚시 바늘 안 될지?

무엇과 같을까요?

명성을 탐내는 자는 도둑놈과 같다던데
정치검찰, 기춘대원군, 국민비하 총리내정자, 논문표절 교수 등
씻을 수 없는, 명성 아닌 오명은 무엇과 같을까요?

감투병에 걸린 건 아닐지

'사퇴하라', '사퇴없다', 믿는 구석이 있어선가? 배짱인가?
그도 아니면 생고집인가?
치우친 고집은 영원한 병이라던데, 혹여 감투병에 걸린 건 아닐지

동네가 어디더라?

박희태 전 국회의장 돈봉투 파문으로 당 쇄신 의미로 입은 빨간 옷
유승우, 박상은 새누리 두 의원 돈가방으로 쇄신 의미 쇠퇴, 어쩐다
붉은 옷 벗고 푸른 옷입어야겠네, 푸른 옷 입은 동네가 어디더라?

예외가 없거든

돈이 곧 힘, 힘이 곧 돈이란 등식은 유사 이래 깨진 적이 없다
깨어지긴커녕 시대가 거듭할수록 여천지무궁의 세, 이유인즉
법칙 아닌 등식인 때문, 법칙엔 예외가 있지만 등식엔 예외가 없거든

※ 여천지무궁(與天地無窮) : 천지와 더불어 한이 없다는 뜻으로 영구히 변하지 않음을 이르는 말.

벽창호급

문 총리지명자 유명신문 주필을 했으니 논리에는 달인급
해서 그런지 암시나 상징과 같은 논리를 초월한 창조엔 초보급
대통령 재가여부 검토면 스스로 사퇴하란 암시인데 암시엔 벽창호급

A^{+++} 이어서

총리 · 장관 · 수석 비서관 내정자들 도덕성 합격점수엔 미달
합격점수 미달과 함량미달은 다르지만 달라도 극과 극으로 달라서
역사의식엔 미달의 미달 F학점, 논문표절엔 만만점 A^{+++} 이어서

꼴자표 아니던가

관피아 소굴, 공공기관 경영성적표 117개 공기업 중 A, B 41곳
낙제점 D, E 30곳, 이등급 이등급 하기에 2등급인줄 알았더니
웬걸, 꼴지 E등급, 허긴 코리아 전매특허품이 꼴자표 아니던가

흉터는 남는다던데

박대통령, 인사청문회 강행 땐 국민과의 선전포고
포기땐 연이은 인사실패 책임과 함께 상처, 책임은
기춘대원군께 넘기면 되지만, 상처는 나아도 흉터는 남는다던데

아이고 고되다

정승감 골라 교수 발탁 하면 논문표절 문제되고
정치인 발탁하면 검은돈이 문제되고
문제 해명했다 하면 거짓이 문제되고, 되고 되고 아이고 고되다

궁금해서

국회의원 돈 많은 걸 이제 알았네, 차 안에도 수천만 원
아들집에도 수억 원, 아무리 계산해도 세비론 턱도 없는 많은 돈
눈먼 돈은 눈먼 돈인데 눈깔이 빠졌나? 눈깔을 뺐나?가 궁금해서

그것이 문제로다

세월호 참사 자원봉사자 3만 5천여 명으로 완도군민보다 더 많아
이웃사랑 실천이냐? 집권력이 크면 클수록 봉사는 더 극심해진다던데
집권력 때문이냐? 아니면 백수의 다른 모습이냐? 그것이 문제로다

헌데 늦었거든

안중근 의사, 안창호 선생에 대한 존경심은 한국인의 DNA
새삼 그걸 강조하는 걸 보면 이유 있을 듯
반일감정 자극, 민족정서에 호소하고자 함 아닐까? 헌데 늦었거든

영 달라서

문 총리지명자 보면 비교되는 다른 한 분 떠오르게 하데
전관예우 처지 읽고 사퇴할 줄 아는 용기와 양심과 지혜완 달리
버티기로 일관하며 고집과 몽니로 배내밀기는 달라도 영 달라서

정신 밝혀야

고 박정희 대통령이 보여준 신념과 혜안이 삶의 지침
박근혜 대통령의 정치철학의 배경이 된 신념과 혜안
글쎄 도모시용이면 신념도 문제지만 혜안도 정치 아닌 정신 밝혀야

※ 도모시용(道謨是用) : 길 옆에 집을 짓는데 길가는 사람과 어떻게 짓는 것이 좋은가라고 상의한단 뜻으로 일정한 주견 없이 타인의 말만 좇아서는 성사할 수 없음을 비유한 시경의 말.

부달시변도 문제거든

총리지명자 자진사퇴 않는다고 따질 것도 탓할 것도 없어
책임은 결자해지, 임명동의안 제출도 지명철회도 않는 쪽에 있지
총리지명자야 지명에 따랐을 뿐이거든, 헌데 부달시변도 문제거든

※ 부달시변(不達時變) : 완고하여 변동이 없음을 이르는 말.

썩는 것을

낙동강에 3년째 녹조발생 물이 썩어가고 있다
이유는 정부도 인정한 4대강 보 때문, 헌데도 이를 두고
환경부 · 국토부 대립각만, 강산이 썩으면 나라도 따라 썩는 것을

또 눈물 흘려야겠네

비정상의 정상화 외치던 정부 집권 2기 맞아 되레 국정 비정상
총리지명자 원맨쇼에 장관내정자 줄줄이 의혹 얼룩으로 겹쳐
까면 깔수록 비리투성이 양파껍질에 매운 눈 또 눈물 흘려야겠네

총리감인데

뻔뻔하고 오만함에 오기와 몽니도 둘째가라면 서러울 판
둘째가 서러우면 첫째라는 뜻이니 총리감 맞는데
어쩐다, 뻔뻔 · 오만 · 오기 · 몽니엔 꼴찌여야 총리감인데

그건 또 뭘까?

여도, 청도, 정부도, 심지어 광복회까지도 문창극 원맨쇼에 침묵
말할 때를 아는 사람은 침묵할 때를 안다던데
거꾸로 침묵해서는 안 될 때 말하지 못하면 그건 또 뭘까?

맛볼 수 있을까?

비리에 연루, 과연 박상은 의원뿐일까?
국회의원 숫자만큼 ????? 찍어도 풀리지도 풀 수도 없는 의문부
언제나 삽상한 정치바람 불어 환연빙석의 시원함 맛볼 수 있을까?

※ 환연빙석(渙然氷釋) : 의심스럽던 것이 얼음이 녹듯이 풀리어 없어짐을 이르는 좌전(左傳)에 나오는 말.

악연뿐이어서

갈수록 풀릴 줄은 모르고 꼬여만 가는 限日이 없는 한·일 관계
혹여 限日 日限으로 바꾸면 끝난 날 있어 韓·日 관계 풀릴까?
세상일엔 천생연분도 있다던데 연분은 고사하고 악연뿐이어서

낭패될 수도

정치실세 말 한마디에 엿가락이 되어버린 LTV와 DTI
그러다 혹여 엿 먹어라 돼도 낭패지만 엿강정 돼도 낭패
그보다는 잘못되어 일불이 살육통 되면 더 큰 낭패될 수도

※ 일불이 살육통(一不_殺六通) : 한가지의 잘못으로 모든 일이 다 실패함.

아니어야

박근혜 정부 제2기 총리 · 장관 내정자 미사여구 소개 헛소리라고
헛소리면 어떻나, 당 · 청 · 정부 침묵보다야 듣기 좋지 않은가
헌데 헛소리란 게 잠꼬대나 주정, 넋 나간 소리는 아니어야

거짓말을 뜻한 나일론

군 복무기간 중 석·박사 학위 취득한 문창극·정종섭·현오석
군생활 제대로 했다면 잠잘 시간 외엔 복무시간인데 석·박사학위라니
허긴 언제부턴가 거짓말을 뜻한 나일론, 나일론 박사란 말도 있었지

도려낼 밖에

교육부장관 내정자 논문표절, 연구비 횡령으로도 부족해
승진 부정까지면 저지를 수 있는 부정은 죄다 저지른 셈
허니 어쩐다, 부정으로 얼룩진 부정, 부정 칼날 삼아 도려낼 밖에

피 좀 보지 않을까

정부·여당, 대통령 입에만 주목하고 있다고
불가에선 입은 몸을 치는 도끼이며 몸을 자르는 칼이라던데
대통령의 입, 도끼가 될지 칼이 될지는 모르지만 피 좀 보지 않을까

잘못 알고 있는 건 아닌지?

일, 고노회담 두고 한·일간 문안조정 있었다며 일은 이해, 한은 유감표명 한사람의 이해는 일국의 이해와 일치하고, 일국의 이해는 만국의 이해와 일치한다는 말, 성경이나 불경 말씀으로 잘못 알고 있는 건 아닌지?

지워볼 일이다

욕심 없이 분수껏 살면 그것이 행복한 삶인 것을
세상사람들은 분수밖 욕심을 좇다 행복의 울타리 밖으로 나가버린다
행 · 불행의 척도인 욕심의 잣대, 하루에 한 눈금씩 지워볼 일이다

우리들 모습인 것을

입만 쳐다보고 사는 사람들에, 입 봉하고 사는 사람들
눈은 뜨고 있어도 보지 못하는 달걀봉사로 사는 사람들
귀 있어도 듣지 못하는 귀머거리로 사는 것이 우리들 참모습인 것을

성하면 되레 병인 게지

탓하지 마시게나, 보고도 보지 않음과 같이하고
듣고도 듣지 않음과 같이하며, 입 있어도 벙어리로 사는 삶
눈·귀·입이 다 병들어 있음이 아니던가, 성하면 되레 병인 게지

한반도

스스로가 맺은 일 스스로가 풀어 얽히고설킨 정치 실타래 풀어
청실·홍실 수실로 수놓으면 삼천리 금수강산 될 텐데
풀긴커녕 꼬인 실타래에 꽉꽉 묶여 자승자박 못면하고 있는 한반도

모습들을

살기 위해, 살아남기 위해, 죽지 않기 위해, 죽이기 위해 벌이는
생존의 아귀다툼, 한걸음 물러서서 보면 보일까?
살인자이거나 살해당한 스스로의 삶과 죽음의 모습들을

함께 묻어 있어서

검은 강자의 허리에 차고 있는 약자를 베는 살인도
살인이 별건가, 칼 맞아 죽임 당하면 그게 살인이지
헌데 요즘, 칼집에 檢자 새겨진 칼엔 피와 녹이 함께 묻어 있어서

예외가 없거든

돈이 곧 힘, 힘이 곧 돈이란 등식은 유사이래 깨진 적이 없다
깨어지긴 커녕 시대가 거듭할수록 여천지무궁의 세, 이유인즉
법칙 아닌 등식인 때문, 법칙엔 예외가 있지만 등식엔 예외가 없거든

※ 여천지무궁(與天地無窮) : 천지와 더불어 한이 없다는 뜻으로 영구히 변하지 않음을 이르는 말.

지배자인 것을

正義란 定義를 알고 있는가? 글쎄, 正義란 것도 있던가?
正義가 죽어버린 시대에 어찌 定義가 살아남았겠는가
正義의 살인자들이 이 시대의 지배자인 것을

딱 그래

집도 지은지 반세기가 되면 전기 · 수도 · 하수구 · 벽에 탈이 난다
매번 손질에 수리 · 보수는 필수, 나라 살림도 다르지 않느니
뜯어 고치고, 수리 · 보수에 땜질까지, 목하 코리아가 딱 그래

접고 살지

잊어버리기 잘하는 망각증 스스로들 자책하는 코리언

그때 그때 잊어버려야지, 지니고 살다 병 되면 그 아픔 어쩌려고

안그래도 DNA 한(恨) 고질병인데 건망증이라도 있어야 접고 살지

되는 것을

좋은 일만 기억하고 궂은일은 지워버리기의 총명과 건망증
헌데 어쩐다, 좋은 일 없으니 총명 멍청이 되고
궂은 일만 있으니 건망증이 되레 총명이 되는 것을

도져서

억울해도 참고, 기가 차도 참고, 참고 참으면 참이 될까
참는 자에게 복이 어쩌고, 참을 인자 셋이면 저쩌고
어쩌고 저쩌고 참다 보면, 참은커녕 참병 되레 도져서

못 면해서

가난도 부끄러움이지만 무지 또한 부끄러움일 듯싶다
두 부끄러움 중 후자의 무지는 부끄러움마저 모른다는 무지
부끄러움 알면 둘 다 아름다움, 모르면 둘 다 추함 못 면해서

극성도 지녀서

문창극 총리지명자, 여선 자진사퇴, 야선 임명철회, 본인은 청문회 희망이를 두고 세인들 입방아, 문창극 아닌 문참극이라던데, 극과 극이란 게 양쪽 끝으로 이어지기도 하고, 다른 성질로 나눠지는 極性도 지녀서

재촉해서

세월호 참극 얼마 됐다고 인사 참극에 GOP 총기난사 참극까지
총성만 뻥뻥 소리 내나, 국가 공백에 구멍 나도 뻥뻥이지
헌데 그 구멍이란 게 불자표도 밀반입되고 누수도 재촉해서

탁견 아닌가

대통령 인사 참사 지켜보며 한 논객, 현 정홍원 총리 재임명 건의 우스개 같지만 웃을 수만은 없는 탁견 들어 있어, 낙점했다 하면 흠결투성이, 흠결 없으면 결격 사유도 없음이니 건의, 탁견 아닌가

구멍 없을까?

전군 20% 정도가 관심병사, 그나마 해마다 증가 추세

관심병사란 게 일종의 문제병사, 그것도 피학에 의한

병사들 가슴 사이에 구멍 뻥뻥이면 국방에는 구멍 없을까?

인간 개조부터 하데

총리지명자 친일파 만들었다가 다시 애국지사 손자로 만들어
필요에 따라 틀에 맞추기도 하고 맞춘 틀 부수기도 한 정치 인간 개조
국개론 실현할 총리 찾더니 웬걸, 짜 맞춰 인간 개조부터 하데

못 면하기도 하는 것을

사면초가, 어쩌다 푸른집이 초옥 신세 됐는지
말은 주인에 따라 적토마도, 천리마도 되는 법, 집도 다르지 않거니
주인에 따라 금전옥루도 되고 수간모옥 신세 못 면하기도 하는 것을

※ 금전옥루(金殿玉樓) : 규모가 크고 화려한 집.

※ 수간모옥(數間茅屋) : 떼로 지은 몇 칸의 집.

소의가 이러하거늘

결자해지, 묶은 자가 푼다, 그건 옛말이고
지금은 승자 해지, 묶인 자가 푼다
승자가 勝者도 되고 繩者도 되는 소의가 이러하거늘

의문부나 찍을 밖에

박대통령, 장고냐? 침묵이냐? 둘 다냐?

물음표 찍으며 궁금할 게 뭐 있어

장고든, 침묵이든, 둘 다든, 뾰족 수가 없는 게임 의문부나 찍을밖에

그러하거든

난세가 달리 난세던가, 세상 시끄러우면 그게 난세지
헌데 말씀이야, 영웅이란 난세를 등에 하고 탄생하는 법이거든
산자락 등에 하고 포효하는 호부우가 그러하거든

※ 호부우(虎負嵎) : 호랑이가 산모퉁이에 의지하여 있으면 그 용맹을 당할 수가 없다는 뜻으로 영웅이 한 지방에 할거 하고 있음에 비유한 맹자의 말.

귀 따갑고

춘아 춘아 청춘아, 춘아 춘아 청춘아, 들어본 유행가 가락
풍아 풍아 풍객아, 풍아 풍아 풍객아, 그런 것도 있었던가
유행가는 부를수록 귀에 익고, 풍객이 읊은 시는 읊을수록 귀 따갑고

정직한 말

행복한 삶, 행복한 나라, 행복한 세상
깐건 이상주의자나 사기꾼들이 하는 허튼 수작이고
고달픈 삶, 불행한 나라, 팍팍한 세상이 수작 아닌 정직한 말

미친 게지

달밤에 체조라더니 달도 없는 캄캄한 한밤중에 풍객놀이
체조건, 풍객놀이건, 둘 다 미쳤음이 아니던가
허긴, 미친 세상인데 안 미친 것이 되레 미친 게지

그래도 답은 임명

고위공직 예비후보자 사전 질문서는 가족관계, 병역의무 이행
전과 및 징계, 재산형성, 납세의무, 학력 및 경력, 연구 윤리 등 9개항
이중 4~5개항에 문제 있다면 적격일까? 결격일까? 그래도 답은 임명

이름값 했으면

홍명보호, 명보는 무슨 명보, 평보만도 못한 흑보인 걸
16강의 길은 멀고, 더디고, 팍팍한 고재가 아니던가
제발 명보다운 슛 슛 팍팍 터져 이름값 했으면

※ 고재(高哉) : 높고 험난한 산길이란 이백(李白)의 말.

'고무줄 잣대'로 한다데

긴 것은 잘라 끊고 짧은 것은 더 보태는 절장보단은
잣대에 눈금이 있었음 아니던가, 헌데 요즘 공공기관 평가엔
늘렸다 줄였다 둔갑하는 눈금 없는 '고무줄 잣대'로 한다데

※ 절장보단(絶長補短) : 긴 것을 잘라서 짧은 것에 보태어 부족함을 채운다는 뜻으로 좋은 것으로 부족한 것을 보충함을 이르는 말.

사고 다발이어서

노크 귀순으로 유명해진 22사단, 이번엔 GOP 총기난사 사건
이래저래 악몽만 일깨우는 구멍투성이인 사고 다발지역
헌데 다발이란 게 꽃다발이었으면 좋았으련만 사고 다발이어서

•

박진환 시인은 전남 해남 출신으로 동국대 국문학과를 거쳐 중앙대 대학원을 졸업(문학박사)했다. 1960년 동아일보 신춘문예(詩) · 1963년 自由文學(문학평론)으로 문단에 데뷔했고, 국제PEN한국본부 사무국장 및 이사, 한국문협 고문을 역임했다. 제9회 시문학상, 제3회 비평문학상, 펜문학상, 윤동주문학상 등을 수상했고, 한서대학교 교수 및 예술대학원장을 역임했으며 현재 월간『조선문학』발행인 겸 주간으로 있다. 중요 저서로는 시집에『귀로』,『사랑법』,『꽃시집』,『三行詩抄』Ⅰ~Ⅺ『諷詩調』,『박진환시전집』Ⅰ·Ⅱ·Ⅲ·Ⅳ·Ⅴ·Ⅵ·Ⅶ,『物神時代』Ⅰ·Ⅱ·Ⅲ·Ⅳ·Ⅴ,『동굴일지』Ⅰ·Ⅱ·Ⅲ·Ⅳ·Ⅴ,『2012년 8월』에서『2013년 7월』까지,『풍계집·1』에서『풍계집·25』까지 76권의 시집이 있고 평론집으로『한국현대시인론』,『현대시론』,『21C시학과 시법』등 다수와『한국시의 공간구조연구』,『21C 시학』,『시창작론』,『諷詩調詩學』외 다수의 역저가 있다.

•

조선문학시인선 390

諷詩調詩集 · 54

풍諷계戒집集 · 21

2014년 8월 20일 인쇄
2014년 8월 30일 발행

지은이 / 박진환
발행인 / 박진환
펴낸곳 / 조선문학사
등록번호 / 1-2733
주소 / 120-853 서울 서대문구 통일로 389(홍제동)
전화 / 02-730-2255
팩스 / 02-723-9373

ISBN 978-89-98115-80-7

정가 10,000원